Art Against Violence,
A Journey Through La Comuna 13

Rebirth and Resilience
Through Street Art
www.comunatrece.com

Introduction

This coffee table book is not just a collection of stunning images but a profound narrative of transformation. Captured before the world discovered the artistic marvels of La Comuna 13, these photographs showcase graffiti murals free from the clutter of tourists and modern distractions.

Each mural is a powerful representation of the community's strength, creativity, and hope amidst their struggles.

"Art Against Violence: A Journey Through La Comuna 13" takes readers on an evocative journey through one of Medellín's most transformative communities. Once known for its violence and unrest, La Comuna 13 has emerged as a symbol of resilience and creativity, with its vibrant street art reflecting the indomitable spirit of its residents.

While the book doesn't delve deeply into the stories of each mural, it highlights the broader context of La Comuna 13's past struggles, the infamous Operation Orión, and the subsequent rise of art as a form of resistance and healing. The Graffitour, initiated by local residents and collectives like Casa Kolacho, symbolizes the community's effort to reclaim their narrative and create a new identity through art.

"Art Against Violence" is an invitation to witness the incredible journey of La Comuna 13, to appreciate the transformative power of art, and to understand the resilience of a community that continues to rise above its challenges.

Join us in celebrating the vibrant culture and indomitable spirit of La Comuna 13. This book is more than a visual delight; it is a testament to the strength of a community and a call to action for continued support and recognition.

For more information about la Comuna 13 Please visit www.comunatrece.com

EL GRAFFITOUR EN LA COMUNA 13

La Comuna 13 has been stigmatized for decades due to what are now the vestiges of the armed conflict in Colombia; this part of the city has become a place to be careful, not to take out your cell phone, not to go out very late, among other "recommendations" that are made when touring Medellín with someone who is not paisa. The question is, Why are we afraid of a specific area of the city? Is it classism? Is it trauma from the past?

Street Art

Why are we afraid of a specific area of the city? Is it classism? Is it trauma from the past?

This sectorial violence has been occurring long before the famous Operation Orión, with the displacements of peasants by armed groups, guerrillas, and violence in the countryside; many of these families were forced to come to the city to start their lives from scratch, with nothing for sure they arrived at the slopes of Medellín to build their houses, and little by little these spaces took on a life of their own, which is what we know today as comuna 13.

KAWAZAKI
2019

TOOSH

Arte Callejero

La comuna 13 ha sido sujeto de estigmatización por décadas debido a lo que ahora son los vestigios del conflicto armado en Colombia; esta parte de la ciudad se ha convertido en un lugar de tener cuidado, de no sacar el celular, no salir muy tarde, entre otras "recomendaciones" que se hacen al recorrer Medellín con alguien que no es paisa. La pregunta es, ¿por qué le tenemos miedo a una zona específica de la ciudad? ¿Es clasismo? ¿Es trauma del pasado?

Transformation de Medellin

Esta violencia sectorial se viene dando desde mucho antes de la famosa Operación Orión, con los desplazamientos de los campesinos por parte de los grupos armados, las guerrillas y la violencia en el campo; muchas de estas familias se veían obligadas a llegar a la ciudad para comenzar de cero su vida, sin nada seguro llegaban a las laderas de Medellín a construir sus casas, y poco a poco estos espacios fueron tomando vida propia, que es lo que conocemos hoy como la comuna 13.

Esta comuna desde el principio ha sufrido por la guerra entre bandas criminales, las cuales tenía atemorizadas a las personas de este sector. El gobierno intentó solucionar esta problemática con una operación militar llamada Operación Orión en el año 2002, la cual duró dos días, 16 y 17 de octubre, y tenía como objetivo operar en contra de las milicias que se encontraban en la comuna 13.

Aquí actuaron a la par paramilitares y fuerza pública para "limpiar" la comuna de las guerrillas que se movían en ella, lo cual dejó a su paso muchos desaparecidos, muertos, torturados y marcas de violencia y guerra que ahora son una huella permanente en estos barrios.

ZERO
ALE
¡ JAK
MDZ !

MedellinTransformation

Esta comuna desde el principio ha sufrido por la guerra entre bandas criminales, las cuales tenía atemorizadas a las personas de este sector. El gobierno intentó solucionar esta problemática con una operación militar llamada Operación Orión en el año 2002, la cual duró dos días, 16 y 17 de octubre, y tenía como objetivo operar en contra de las milicias que se encontraban en la comuna 13. Aquí actuaron a la par paramilitares y fuerza pública para "limpiar" la comuna de las guerrillas que se movían en ella, lo cual dejó a su paso muchos desaparecidos, muertos, torturados y marcas de violencia y guerra que ahora son una huella permanente en estos barrios.

CASA
KOLACHO
Comunidad
en
Resistencia

Teniendo en cuenta la información anteriormente presentada, es comprensible la respuesta del paisa promedio ante la mención de esta zona de la ciudad; desde el punto de vista del espectador, del visitante, del turista. Mas no solo afecta al que visita, sino al que habita; aquel que sabe que la gente le teme a su barrio, el que vivió de primera mano el conflicto y aún añora a aquellos que ya no están, las familias rotas y los sueños que ya no creen poder cumplirse.

TODOS
SOMOS
MIGRANTE

DEXTRUXION
COMUNA 13
Medellín
INVINCIBLES 1999

TE ONE 96
azgo

A pesar de todo, el arte siempre encuentra la manera de hacer lo que mejor sabe hacer; curar, restaurar y revivir; lo cual es justamente lo que los residentes del barrio Las Independencias hicieron con su comunidad inventando el ahora famoso *Graffitour*. Todo comenzó en el año 2009 con los asesinatos de múltiples líderes comunitarios de la comuna, y entre los raperos, artistas, bailarines y actores de la comunidad surgió la necesidad de transformar y contar la historia a su manera. Entonces en 2010, Casa Kolacho, un colectivo artístico urbano formado por los mismos residentes de la comuna, cansados de ver a los periódicos y noticieros aprovecharse de su dolor con titulares amarillistas, decidieron diseñar un recorrido formativo, estético, musical y teatral para darle una nueva cara a la trece.

Sacaron adelante el proyecto que ahora, después de 10 años, genera ingresos económicos para al menos 60 familias y 21 artistas directos, además el impacto que el alto flujo de turistas ha generado en los negocios independientes de los barrios. Lugares como Casa Kolacho y Casa Morada, que por medio de talleres y acciones desde la cultura ayudan a muchos jóvenes y personas a crear y tomar parte en este proceso de resistencia, formando una cultura de arte y vida en un lugar que antes era zona de guerra.

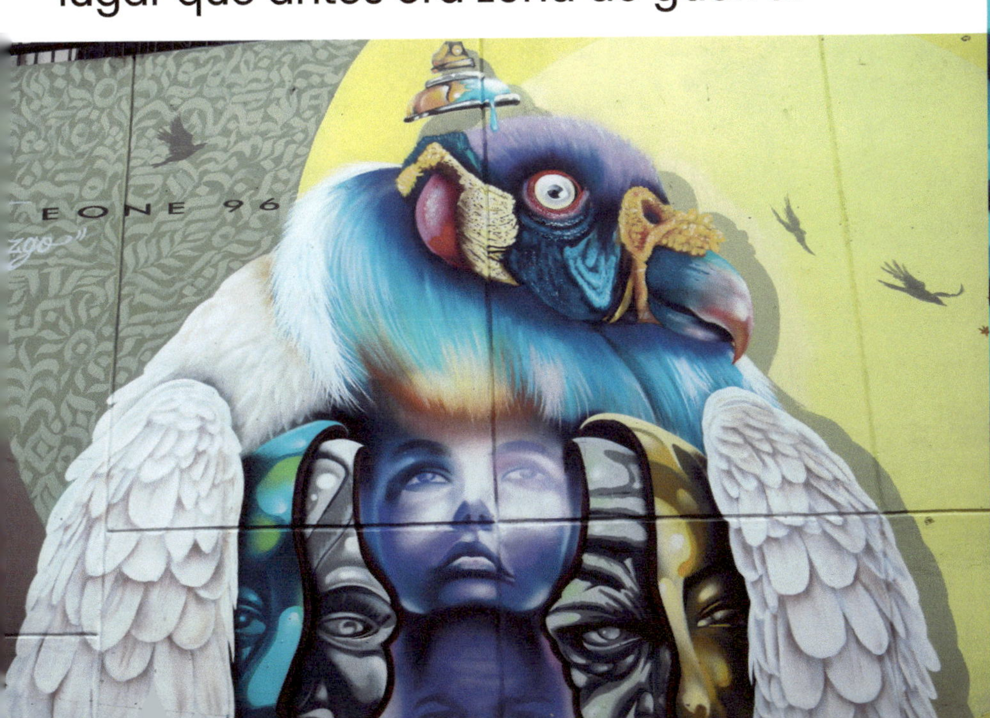

This comuna has suffered from the beginning due to the war between criminal gangs, which had the people of this sector terrorized. The government tried to solve this problem with a military operation called Operation Orión in 2002, which lasted two days, October 16 and 17, and aimed to operate against the militias found in comuna 13.

Community Resilience

Here paramilitaries and public forces acted in parallel to "clean" the comuna of the guerrillas that moved in it, which left in its wake many disappeared, dead, tortured, and marks of violence and war that are now a permanent footprint in these neighborhoods.

Graffiti Murals

This comuna has suffered from the beginning due to the war between criminal gangs, which had the people of this sector terrorized. The government tried to solve this problem with a military operation called Operation Orión in 2002, which lasted two days, October 16 and 17, and aimed to operate against the militias found in comuna 13.

Here paramilitaries and public forces acted in parallel to "clean" the comuna of the guerrillas that moved in it, which left in its wake many disappeared, dead, tortured, and marks of violence and war that are now a permanent footprint in these neighborhoods.

Aún así, todavía hay fronteras invisibles, todavía hay enfrentamientos, todavía hay temor, todavía hay desaparecidos. El Graffitour es un paso adelante, pero el turismo que genera no puede reemplazar la educación, la seguridad, todo lo que el gobierno le debe a estas comunidades que aún no pueden recuperarse de todo el daño que recibieron por décadas.

TEONE 96
cazgo

Comunidad
en
Resistencia

BICHO
TDR
CASA
KOLACHO

HAGA
PISA

Social Change

Taking into account the information previously presented, it is understandable the response of the average paisa to the mention of this area of the city; from the point of view of the spectator, the visitor, the tourist. But it not only affects the visitor, but also the inhabitant; the one who knows that people are afraid of their neighborhood,

the one who experienced the conflict firsthand and still longs for those who are no longer there, the broken families, and the dreams that they no longer believe can be fulfilled.

Despite everything, art always finds a way to do what it does best; heal, restore, and revive; which is precisely what the residents of the Las Independencias neighborhood did with their community by inventing the now famous Graffitour. It all started in 2009 with the assassinations of multiple community leaders of the comuna, and among the rappers, artists, dancers, and actors of the community arose the need to transform and tell the story in their own way. So in 2010, Casa Kolacho, an urban artistic collective formed by the same residents of the comuna, tired of seeing newspapers and news programs take advantage of their pain with sensationalist headlines, decided to design a formative, aesthetic, musical, and theatrical tour to give a new face to the thirteen.

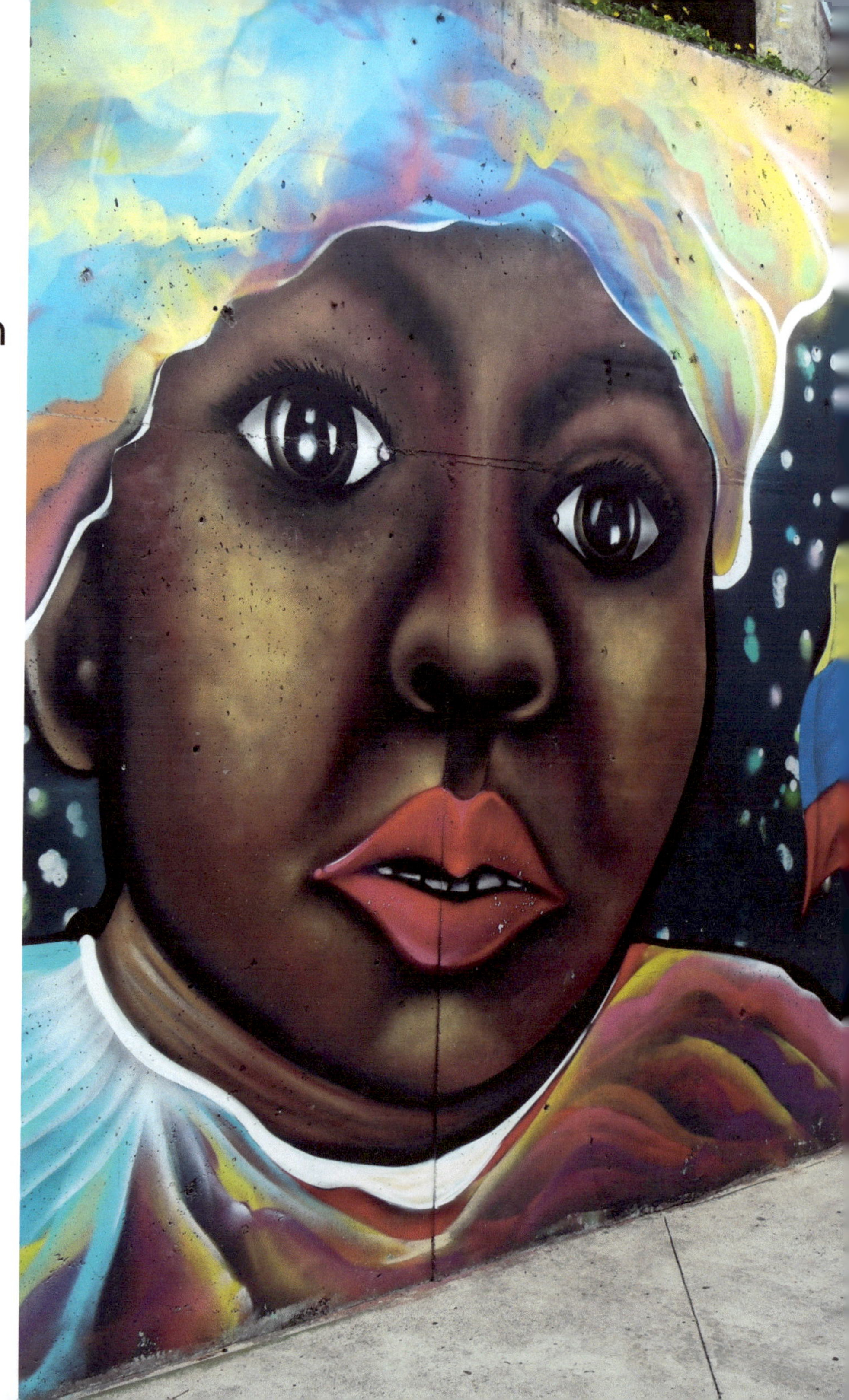

They carried out the project that now, after 10 years, generates economic income for at least 60 families and 21 direct artists, in addition to the impact that the high flow of tourists has generated in the independent businesses of the neighborhoods.

Places like Casa Kolacho and Casa Morada, which through workshops and actions from the culture help many young people and people to create and take part in this process of resistance, forming a culture of art and life in a place that was once a war zone.

Even so, there are still invisible borders, there are still clashes, there is still fear, there are still missing people. The Graffitour is a step forward, but the tourism it generates cannot replace education, security, everything the government owes to these communities that still cannot recover from all the damage they received for decades.

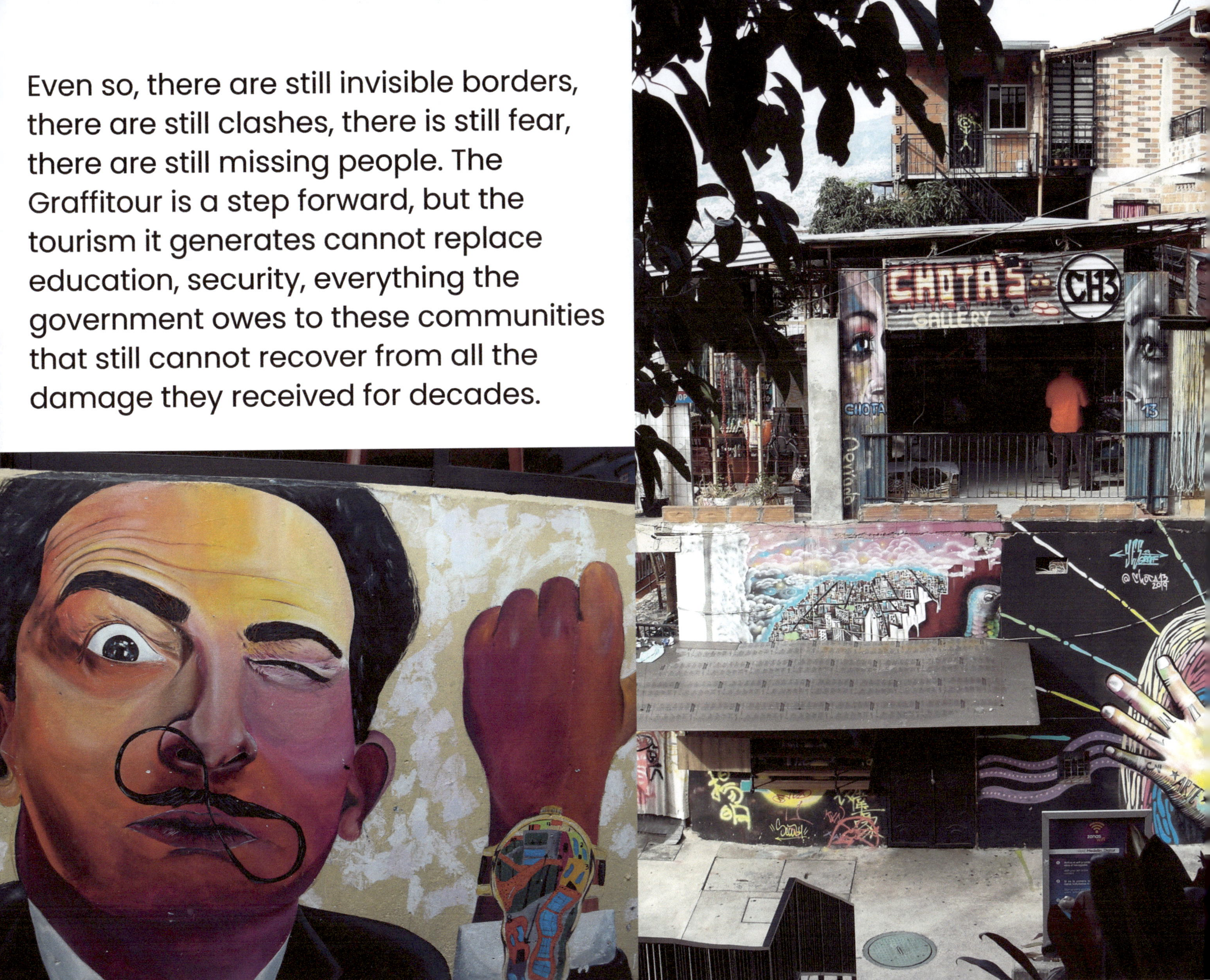

Somos una
especie en
peligro de
extinguirlo
TODO

In conclusion, it is possible to rise after hitting rock bottom and start erasing the fear that has been sown and watered for more than 60 years in a comuna that wants to move forward, to be reborn, to be recognized for something other than violence and war. Comuna 13 is a symbol of resilience and spirit, the living image of a people who, with art, put an end to a cycle of violence, but this is only the beginning in the long road that this community has to travel to recover everything that has been taken from them.

BARBER SHOP 3
GALLERY
CH3
CHOTA
13

CDM
3
2002

En conclusión, sí es posible levantarse después de tocar fondo y empezar a borrar el miedo que ha sido sembrado y regado por más de 60 años en una comuna que tiene ganas de salir adelante, de renacer, de ser reconocida por algo que no sea la violencia y la guerra. La comuna 13 es un emblema de resiliencia y espíritu, la viva imagen de un pueblo que con arte da fin a un ciclo de violencia, mas este es solo el comienzo en el largo camino que esta comunidad tiene por recorrer para recuperar todo lo que le ha sido arrebatado.

#MauroVive
EnNosotros

TURIST
Cultura
VIVA
COMUNA 13

ARTE
Medellín

TEONE 96
erazgo"

t.Marsh
@timm4rsh

CHOTA'S
GALLERY
CH3
@choca13
2019

¡Súbete pá
LA FOTO

View From Comuna 13

YVIDA
9MP

AMNZ
GRFITI
NUNCA
PARA
APC

Comuna 13 Medellin

Una Visión para el Futuro

Al concluir este viaje por las vibrantes calles y las poderosas historias de La Comuna 13, nos recordamos de la increíble resiliencia y creatividad que definen a esta comunidad. Los murales y grafitis que adornan estas paredes son más que arte; son un testimonio de la fuerza, la esperanza y el espíritu indomable de un pueblo que ha enfrentado desafíos inimaginables y ha salido adelante.

Comuna 13 Medellin

A Vision for the Future

As we conclude this journey through the vibrant streets and powerful stories of La Comuna 13, we are reminded of the incredible resilience and creativity that define this community. The murals and graffiti that adorn these walls are more than just art; they are a testament to the strength, hope, and unyielding spirit of a people who have faced unimaginable challenges and have risen above them.

For more information about la Comuna 13 and this project
Please visit **www.comunatrece.com**